Y(IN):
CRÔNICAS DO CAOS COTIDIANO

Wendell Almeida

Copyright © 2020 Wendell Almeida

Título Original:

Y(in): Crônicas do Caos Cotidiano

Edição:

Wendell Almeida

Revisão ortográfica:

Luana Dall'Agnol Ribeiro

Prefácio:

Ian Costa

Capa:

Ana Victória Otoni

Beatriz Cruz

ISBN: 978-65-00-08476-4

1ª Edição, 2020

PREFÁCIO

A poesia, enquanto forma de arte, precede o texto escrito. As formas mais antigas de poesia foram recitadas ou cantadas, como forma de relembrar a história oral, a genealogia e a lei. Sendo assim, a poesia é, em sua essência, uma arte verbal.

A epopeia de Gilgamesh, os Vedas, a Odisseia. Algumas das formas mais antigas de poesia podem ser encontradas como textos escritos nas pirâmides do Egito, três milênios antes que cristo deixasse as suas pegadas pela história do mundo. A poesia aparece entre os mais antigos registros da literatura, em estrelas tumulares, monólitos e pedras rúnicas.

De fato, é impossível datar a origem da poesia. Ela pega emprestada a cultura, a respiração, o entusiasmo, o amor e a vivacidade. Não é um mero acaso os povos antigos terem relegado à poesia a tarefa incomparável de levar a frente o sopro de vida de toda uma existência.

Antes de evocar uma imagem concentrada, um poema acaricia os seus ouvidos, barganha com a sua mente, e quando alcança o coração, toma emprestado o sopro de vida advindo do criador, para te carregar nos braços em uma viagem por paisagens belas e selvagens.

Escrever poesia não é tarefa para qualquer mortal. Calíope não empresta seus dotes a qualquer um, mas sim àqueles corajosos o bastante para transpor a barreira da sua própria linguagem, e esculpir sua essência nua na palavra escrita, impor canção ao verbo que voa ao vento.

Este livro não poderia ser diferente. Suas paginas pulsam com ardor, e é possível escutar a batida surda do coração do autor em cada métrica (ou na ausência delas…). Não se engane, cada equivoco é intencional. É uma provocação, o sopro do siroco a rasgar as sedas das armaduras mentais que construirmos para proteger nossos mais íntimos castelos de cartas.

A poesia de Wendell é a herança do tempo, o eco de Aquiles, com toques de Byron, Bukowski e também, porque não (?), Maiakowski. O berro de Gregório de Mattos, movido pelas espumas de Camões, com o aroma de um charuto barato de Gutierrez.

Eu te desafio a ler estes poemas. De mãos dadas com o livro, enquanto o autor te olha nos olhos por dentro das linhas. Por que a poesia não é para os fracos de estômago, mas para aqueles que conseguem sentir as brisas da pérsia e a longevidade das construções da planície de Gizé.

Eu te convido a aceitar a jornada, e ver, como eu também vi, a força que um poema tem de evocar o mundo, dentro si.

Ian C.S. - Lauro de Freitas - 2020

CAPÍTULO 1: VAZIO

certos dias e certas noites [10] a vida se desenrola,
mas, **é que [11[,**
uma rosa que brota em meio ao inferno [14] fala
sobre as **vítimas dos dias que nunca chegaram [15]**
no nosso **aforismo da vida cotidiana [16]**,
escondidos na **boa e velha solidão [20]**.

há dias [21] que nem tudo está em meio ao caos
E [23] você só consegue ver **se você vai ao inferno, pelo**
menos uma vez [25].
vejo, pois [27], meus **olhos de vidro [29]**
em tempos [30]
pandemoníacos [32]
me mostram que **eles são *Eu* [34]**
mergulhando de cabeça no rio e morrendo mais uma vez na
beira [35].

ahh, mas **se o mundo inteiro me pudesse ouvir [36]**
lá fora [38], enquanto estão **à beira do precipício [40]**
lhe diria que algumas vezes dá para ter **um dia bom [41].**

enquanto **Shakespeare no mundo moderno [42]**
nos mostra **espelhos [43]**
as multidões se aglomeram em meio ao caos e me recuso a
caminhar junto a elas [44]
pois estou assistindo este **cinema mudo neoclássico [45]**
que encena a **ópera da meia noite [46]**
dos **zumbis que caminham ao meu lado [48].**

para os **navegantes [49],**
trago a **resposta [50]**
contando para eles: **o que leva o homem ao manicômio [51]**
para que tenham **força [52]**

CAPÍTULO 2: NÃO AÇÃO

quando [54] perceberem que estão **vivendo para a morte [56]**,
aque **você vive todos os dias enquanto a morte vem [58]**,
enquanto se depara com **o todo feito de restos [59]**
e que **tudo um dia vira pó [60]**
nesta **montanha russa da vida [61]**.

então ... [62], escreverei meu **epitáfio [63]**
para que saibam que **estou falando com ninguém [65]**
e com **os "ninguéns" que não nos significam nada [66]**
enquanto **os trens descarrilham na estação e sequer o**
percebemos [67].

os **operários [68]** descobrem que **Darwin, o farsante [69]**,
não nos explicou que
os dinossauros devoraram a própria espécie por
necessidade e fazemos por escolha própria. [70]

no dia **2 de julho [71]**,
dia dos inúteis [72],
das 08 às 18 [73],
os bêbados, as putas e os mendigos [75]
falam **sobre bêbados e outras sandices [77]**
que veem nesta **selva de pedra [79]**
e se perguntam: **onde está a fórmula? [81]**

saúde! o conto de narciso [82] que me fala sobre a **natureza**
humana [84]
que mutila a si para caber nestas caixas. e quem poderia me
falar sobre isso?
talvez Van Gogh [85],
mas se ele não está mais aqui, dou adeus a este assunto, **com**
amor, Obá [86].

CAPÍTULO 3: CONTEMPLAÇÃO

e no **escuro do meu quarto [88]**
a escuridão desta noite [89] diz
que **sinto muito, mas não sinto nada [90]**
dos **dois lados de uma moeda sem câmbio [92]**
deste **paraíso platônico [93].**

e **o paraíso dos tolos e o inferno dos errantes [94]**
estava entranhado no **conto dos miseráveis que nos cercam
[95]** as **páginas escritas em branco [97]**
pelos **marinheiros que tomam conta do navio [98].**

e enquanto **as linhas falam mais que as vozes [99]**
e as pessoas se perguntam: **e daí? [103]**
percebemos que não há nenhum **salvador [104]** entre nós.

democraticamente [105], heróis platônicos [106] são eleitos
e nos contam, indiretamente, que **a minoria tem que se calar
[107]**, afinal, **no meu tempo é assim [109].**
em **um dia de sobriedade na terra da embriaguez [111]**
descobri que **este não é um mundo cão [112]**
e que **tudo feito de nada [113]**
pode trazer **um dia tranquilo [114].**
enquanto aproveitamos **o elixir da vida [115]**
e descobrimos que **eles irão te destruir, mas não hoje! [116].**

observando **o voo das águias no horizonte [117]**,
a estátua de um índio [118] me contava certas coisas que
meu amigo xamã [119] já sabia.

e estas **moedas de troca [120]**
me deixavam em meio a uma **oratória silenciosa [123]**
enquanto dizia: **me dá um cigarro aí, tio [124].**

*pois, é isso que significa **Y(in): poesia do caos cotidiano.** [125]*

a vida e a morte caminham lá fora
e as multidões encenam tragédias cotidianas
que não são observadas por ninguém

vazio

CERTOS DIAS E CERTAS NOITES

certos dias
enquanto o mundo para
e não há nada mais sobre o que escrever,
um poeta perde a vida.

certas noites
enquanto a cidade dorme,
um poeta escreve versos.

certos dias
e certas noites
nasce e morre a poesia
pelas mãos de um ser normal,
desajustando as regras do mundo.

assim como você.

É QUE

em cada passo raso
não dado
o tempo passa e vamos de encontro à morte.
cada faísca de ideias
que uma mente produziu
poderia fazê-la criar uma chama muito mais forte.

com as luzes apagadas
ando pela casa
e sequer um interruptor caço.
é que minha mente fervilha ideias
e este poema é o que ilumina o espaço.
em cada traço, que traço,
se cria um laço,
entre *Eu* e minha mente sórdida.
ela se retorce como ferro
se aquece, se retrai
e me traz uma ideia mais sólida.

não penso,
por vezes, repenso,
é contraditório.
estou apenas analisando cada estrago.
é que minha mente insana
às vezes parece viver num grande colapso.

e a estrela lá fora,
implora
por um pouco de vida que um dia se foi.
enquanto isso,
minha ideia supernova
é escrever um verso
e contradizê-lo

dois versos depois.

coisa e tal,
tal coisa,
coisas que surgem neste momento, *tal qual,*
é que, às vezes,
nem eu mesmo me entendo
então
eu te entendo
isso para mim já é uma grande piada
tão usual.
aqui dentro,
às vezes,
é tenso,
e isso sempre foi tão natural.
perdido no espaço e no tempo
me perco pensando nas vidas
vividas
de formas tão vazias
quanto o espaço sideral.

em minha própria conduta,
escusa,
reclusa,
por vezes diminuta,
em outras, em alta constante.
é que preso nesta mesma caverna
varava as noites
lendo Fundamentos da Metafísica dos Costumes
do Immanuel Kant.

e desse breu não tenho medo
não é segredo
mas talvez você não saiba disso.
é que estas linhas
são o que controlam minha mente,
colocar no papel
me parece ser o melhor antídoto.

todo veneno
de um mundo pequeno
que na maior parte do tempo parece que te rejeita.
só que você também faz isso,
pensa comigo,
olha no espelho e me diz:
por acaso você se aceita?

no reflexo do espelho,
reflexivo,
ridículo;
em meu grande sorriso amarelo.
é que na guerra de gigantes,
infantes me dizem
que caem as cartas,
também o castelo.

eu que nunca escrevi poesia em rima
agora minha própria mente
me ensina
escrevendo com ela em riste.
é que nestas linhas está o retrato da alma
e a partir daqui

todo verso será livre.

UMA ROSA QUE BROTA EM MEIO AO INFERNO

estava bebendo vinho a noite
e me peguei pensando:
se não consegue fazer da vida uma poesia
o que mais se pode esperar dela?

a poesia se alimenta da dor,
do caos,
da frustração,
momentos de êxtase
das profundas
e das insossas experiências.

aquilo que a vida tem de sobra.

transformá-la num grande poema
é como ver brotar uma rosa em meio ao inferno.
por mais que seja ruim
alguma parte dele ainda pode ter alguma beleza incomum

e só você entenderá qual é este sentido.

VÍTIMAS DOS DIAS QUE NUNCA CHEGARAM

a frustração daquilo que se perde

se junta ao que nunca chegou.

resmungava um homem pelo ônibus que não passou no horário;
outro ao lado falava sobre ter sonhado com os números da
loteria
e não jogou;
uma mulher resmungava sobre o emprego que esperava
encontrar,
mas nunca ligaram marcando entrevistas;
um velho sobre o dia que poderia "curtir" a vida,
mas a aposentadoria não permitia;
um mendigo falava sobre o dia que esperava não ser um
mendigo;
um bêbado falava sobre o dia em que encontraria um amor
verdadeiro;
uma criança sobre o dia que teria o mesmo brinquedo que seus
amigos da escola,
um homem que sofria de transtorno de ansiedade sobre o dia
em que conseguiria controlá-la.

e eu pensava. … pensava sobre o dia em que encontraria o tom
da poesia perfeita e poderia escrever muitas delas
quando fui interrompido por um homem que se jogou do alto de
um prédio após falar sobre o dia que encontraria algum sentido
na sua vida
e sobre todos aqueles dias que nunca chegaram.

baixei os olhos por alguns segundos e segui em frente.

talvez fosse melhor não pensar demais sobre estes dias que
nunca chegaram

mas todos já éramos vítimas deles.

AFORISMO DA VIDA COTIDIANA

cuidado!
o veneno e o antídoto
se misturam neste mundo.

cuidado com quem está ao seu lado
e quem não está;
com a raiva de um homem silencioso
e o silêncio de um homem com raiva;

os padres,
os ateus,
os agnósticos
e os pastores;

o filho que te ama,
o parente que te odeia.

cuidado!
cuidado com o amor,
o ódio,
o conhecimento,
a ignorância,
seres vazios
e seres completos.

cuidado com os discos de Raul,
o sertanejo universitário,
as sinfonias de Beethoven,
os álbuns do Metallica...

cuidado com os livros do Rimbaud,
qualquer coisa que beire autoajuda,
os do Bukowski
e com o Dalai Lama.

cuidado com os *coachs*,
os gurus,
os desmotivadores,
os vizinhos curiosos,
seu amigo que te aconselha em todos os momentos,
e os inimigos que não demonstram seu ódio;

a pessoa que quer passar o resto da vida com você
e a pessoa que quer apenas uma noite.

cuidado com o ser humano,
ele te mataria se a sobrevivência dele dependesse disso,
e...
cuidado com os animais,
a sobrevivência dele pode depender disto.

cuidado com os humanitários,
os sem humanidade,
os políticos desonestos
e com os inocentes que ainda pensam em mudar o mundo.

como se isso dependesse apenas da sua vontade...

os gananciosos,
os beneficentes,
os policiais,
os bandidos,
os desempregados
os empregadores,
os ricos
os pobres,
Deus,
o diabo,
Buda,
os religiosos
ou os sem religião,
cuidado com eles também.

olha… cuidado com o motorista do caminhão de lixo,
o maquinista do trem,
os pilotos de avião,
um transeunte a pé
e o cara estacionando o carro do outro lado da rua.

cuidado com as flores que nascem no jardim do vizinho,
podem ser mais belas que as suas,
ou com as flores do seu jardim,
podem ser motivo da cobiça dele.

cuidado com os inteligentes,

os tolos,

os que acreditam no presidente

e os que são da oposição.

cuidado com a vaidade,
a humildade,
a paz,
o caos,
o medo,
a coragem,
a depressão
a auto cura
e a autodestruição.

com os usuários de drogas também,

eles estarão comprando alegria na farmácia da esquina.

têm também os bêbados,
os sóbrios,
as mulheres
e os homens.

então … cuidado.
cuidado comigo,

cuidado com você,
cuidado com o sorriso de uma criança,
cuidado com o choro de uma mulher
ou a gargalhada feliz do velho da casa ao lado.

cuidado ao tentar ser bom
ou não se esforçar para ser um pouco menos ruim.

dentre tudo isto,
te digo: cuidado!
cuidado
com o cotidiano.

ele é como uma droga farmacêutica,
que,
se mal administrada
e tomada em doses erradas
pode destruir você.

e vai.

A BOA E VELHA SOLIDÃO

sou apenas eu aqui
assim como na maioria do mundo.
um litro de cachaça
me embriaga de sonhos nesta noite
e a solidão já não é tão ruim vista dos meus olhos.

imagino em quantas outras casas
há alguém sozinho,
sem família e amigos por perto.
apenas uma boa e velha noite sombria como diversão.

as nuvens se movem diante dos meus olhos.

tornamo-nos seres indivisíveis,
incompreensíveis,
inconstantes,
e individualistas.

esta é a tal nova era?

amanhã vestiremos nossas melhores máscaras,
roupas,
falsos sorrisos
e estranhas esperanças.

caminharemos para o nada
vivendo mais uma vez
em horário comercial,
vendendo nossas certezas,
nossa imagem
e voltaremos no fim do dia

à boa e velha
solidão.

HÁ DIAS

que se sente o rei do mar
e parece que o mar está pra peixe
ou qualquer outra coisa que o valha.

há dias
em que uma calmaria se estende no porto
e você ignora os corpos que flutuam
afundados na ira Deus
e atem-se a pegar a fraca brisa que passa
após o dilúvio.

há dias
que o mar revolto não te assusta
pois sente que já conhece todas as correntes que deve pegar
para gritar:
terra à vista.

mas você paga por ela à prazo.

há dias
que você tenta ser capitão
mas quando o capitão sai para o almoço,
os marinheiros tomam conta do navio
e você está sempre entre eles.

há dias
que se choca
ao perceber que
não é nenhum rei de nenhum mar
e todos os outros ao seu redor pensam ser,
pois ouviram alguém dizer
que basta querer
e tudo se realiza.

há dias
que percebe se assemelhar mais ao mar
e a vida navega por você,
não você por ela.

há dias
que teme o mar,
do porto da barra
e do porto da vida,
vagando
sem encontrar um porto seguro.

há dias
em que tudo se desfaz como um castelo de areia,
mas você mantém as velas abaixadas esperando
que bons ventos lhe tragam direção
e o mar não lhe trague para as profundezas.

e você continua
pois teme
se tornar estático.

há dias
que em meio ao nada
você volta a ser o rei de um pequeno barco de um porto
qualquer,
mas isso irá durar apenas por alguns dias

até algum dia.

E

quero menos de vocês
E
mais de muitas coisas.
me deem seus livros,
irei querer a prosa e a poesia
para talvez escarnecer cada uma das letras escritas

as quais chamarei de
vazias.
assim como as minhas

me deem suas palavras mais duras,
tristes
e mórbidas
que talvez veja algum significado
E
realidade nelas.

deixem-me viajar na baixa temporada
pois,
só assim conhecerei lugares
sem o mar de gente
que inunda
E
atrapalha a visão.

tirem a multidão
E
me vejam caminhar lentamente pelas ruas
olhando os prédios
E
as lojas repletas de trabalhadores
que morrem tentando ganhar a vida
e um pouco de dignidade,
todos os dias.
mas ela parece que nunca vem.

me deem algo para beber
E
serei fiel como um cão
até que palavras quebrem o silêncio.
E
quando estragarem o silêncio
irei pular o muro e sair por aí feito um gato
E
direi que
estamos a desejar algo,
à todo momento,
que acreditamos que salvará nosso dia
E
sempre
queremos algo mais,
à todo tempo.

algo que acreditamos não ter,
E
nunca teremos, pois,

sempre nos falta algo

E
isto nunca muda.

SE VOCÊ VAI AO INFERNO AO MENOS UMA VEZ

perde o gosto por certas coisas da vida.

os mendigos,
os bêbados,
e os marginalizados
parecem-lhe mais reais.

se você vai ao inferno ao menos uma vez
não enxerga cor onde outros enxergam.

não há mais graça ser popular
ou estar entre os idiotas,
os vazios,
e os "ninguéns".
todos eles fazem parecer que está olhando para si
em algum ponto da sua vida.

talvez tenha sido ontem.

se você vai ao inferno ao menos uma vez
percebe que o mundo parece estar vivendo em algum ponto do
passado.

as recessões,
crises, quedas da bolsa,
fome e miséria
continuam a acontecer todos os dias.

se você vai ao inferno ao menos uma vez
percebe há algo errado com o mundo.

assassinatos,
suicídios,
depressão
e morte
parecem fazer parte do dia a dia das pessoas.

se você vai ao inferno ao menos uma vez
sente que o mundo parece estar superlotado

e vê isto
nos metrôs, engarrafamentos, cadeias,
bares, centros de reabilitação,
cemitérios
e nas ruas.

se você vai ao inferno ao menos uma vez
percebe que as pessoas estão se vendendo.

prostitutas, falsos profetas,
políticos, executivos,
marqueteiros, trabalhadores,
você...

se você vai ao inferno ao menos uma vez
percebe que há sempre alguém que te diz para "andar na linha".

pastores, padres,
guardas, juízes,
bandidos, vizinhos, família,
artistas, motivadores ...

e se você vai ao inferno ao menos uma vez
percebe que,
na verdade,
já vive nele.

todos os dias.

VEJO, POIS

vejo cães que ladram na alvorada
buscando ser livres das coleiras que os prendem,
pois, é melhor a dureza das ruas
que a domesticação.

vejo os gatos que fogem na calada da noite
e miam na madrugada
como crianças que choram.

vejo formigas que trabalham
e não esperam da rainha um quadro qualquer
de funcionários do mês,
pois fazem apenas o que foram programados a fazer.

vejo os lobos que uivam
e seu canto assombra as almas humanas
pois, temem a selvageria que lhe incutiram durante as eras.

vejo as estrelas que morreram antes d'eu nascer
e continuam a brilhar sobre a noite
em um teatro nefasto de uma luz que não mais existe.

vejo o vazio e o entendo,
pois, lhe dou forma.

vejo as aranhas que tecem suas teias pelos cantos da casa
mas as irei destruir, pois, sua obra de nada me vale
senão a limpeza dos cantos que não são vistos
até que chegue o dia de limpá-los.

vejo os pássaros que cantam presos em gaiolas
e não sei o que querem dizer,
pois, não há qualquer idioma que entenda naquela música
matinal,
assim como não entendo aquele que fala ao meu lado
num idioma que me é nativo.

vejo,

vejo,
vejo,
pois,
talvez não enxergue nada.

OLHOS DE VIDRO

olhe ao redor

há demasiada tristeza,
frustração,
dor, descontentamento
e desconfiança no mundo.

olhe nos olhos da próxima pessoa com quem cruzar na rua

provavelmente serão frios,
desconfiados, arredios
e irão querer saber o que quer deles.

eles estarão indo de um lugar
para lugar nenhum.
cansados
mentalmente,
espiritualmente
e psicologicamente.

muitos estarão atrasados.
atrasados para compromissos
que preferiam não ter.

como se tivessem escolha ...

mais uma vez
estarão desconfiados.
de você
e de todos ao redor,
como se algo estivesse acontecendo de errado.
afinal,
quem seria,
o maldito ser humano,
com humanidade suficiente,
para olhar alguém nos olhos?

EM TEMPOS

seres presos em telas,
assim como eu que escrevia isto
na tela de um celular.

em tempos de cavalos soltos no pasto
que se julgam presos
por estarem sem sua cela.

em tempos de reação em vídeos de *Youtube*
a maioria se mostra atônita
sem expressar qualquer reação ao mundo real.

já era sem tempo de expressarmos alguma.

em tempos de *reality show*
em que assistimos o confinamento do outro
analisando-os como espécimes,
não aguentamos o nosso confinamento.

em tempo de conversas orgânicas e genéricas,
de milhares de amigos,
a maioria se sente só estando acompanhado de si.

parece que estamos em má companhia

em tempos de analisar o outro,
o espelho de Narciso se quebrou
e sobraram apenas os vidros das construções

mas Narciso não precisa de espelhos em tempo de *selfie*.

em tempos de construções,
em que Bauman falava de liquidez,
estamos a dizer que buscamos por algo concreto.

mesmo sabendo o quanto é sufocante o ar destas cidades.

e esquecendo aquilo que é abstrato
caminhava todo rosto gris que você podia observar pelas ruas.

em tempos que,
assim como Andric queria saber no que pensava o açougueiro,
redes sociais te perguntam: no que você está pensando?
mas não contamos,
apenas compartilhamos.
queremos saber apenas no que pensam os outros,

mas,
esperamos que pensem o mesmo que nós.

em tempos como este
perdemos a pouca capacidade que ainda nos restava de suportar
a própria existência.

presos na caverna,
talvez Platão nos mandasse sair
mas
não sei se ainda está em tempo disto.

continuemos no mundo das ideias então.

PANDEMONÍACOS

pandemia ou pandemônio?
a insanidade moderna grita nas almas daqueles que não
suportam o silêncio
e o isolamento.

enquanto as ruas parecem bibliotecas de tão vazias,
estamos isolados
há algumas décadas
pensando que isto é uma novidade deste ano.
vendo nossos mundos através de telas
e as ruas estão vazias,
assim como as mentes e os corações
de um planeta há muito doente.

pandemia ou pandemônio?
as pessoas lá fora parecem, mais uma vez,
buscar uma visão neoclássica de Pã
à procura de um bode expiatório,
sem entender a própria culpa.

os espelhos se quebram em face de tantos Narcisos,
onde as câmeras estão mais ligadas que nunca
e todos lutam para mostrar a sua imagem
com medo de que se esqueçam.

é pandemia, mas, pandemônio?
parece só mais um dia normal
em que pessoas reclamam do governo,
da oposição
do vizinho,
da vida,
de si.

onde famílias não se aturam,
amigos não se aturam,
crianças não se aturam,
velhos não se aturam,
pessoas não s(i) aturam

enquanto espelham a própria vida
em personagens inertes de reality show
e programas vazios do meio da tarde.

e nem é o Show Thruman.

pandemia ou pandemônio?
apenas um dia qualquer.
guardados em seus casulos,
hibernando numa existência
onde há tempos preferem o isolamento
se esquivando desde cedo
de um vírus animal,
que jamais precisou de microscópio para ser visto.

se quer vê-lo
basta olhar para um espelho.
ele é da mesma espécie animal que a sua e a minha.

talvez seja você,
talvez seja eu,
talvez sejamos nós.

joguem as moedas,
escolham um dos lados
isolem-se na sua bolha
e vejam,
vejam …

vejam que a vida continua mutável e imprevisível
como sempre foi.

           independente da sua vontade.

ELES SÃO EU

acostume-se com sua própria miséria interna
ou ela irá te consumir.

afinal não há muito o que fazer por aqui
a não ser procurar algo que seja interessante para passar o
tempo até a morte chegar,

e ela virá hora ou outra.

acostume-se a com todo lixo que se acumula nas ruas das
cidades
enquanto esperam seus ônibus,
ou dirigem seus carros
sem perceber que a todo tempo
conversa com anjos e demônios
e
todos eles aparecem quando
olha no espelho.

eles bebem comigo,
eles andam comigo,
eles vivem comigo.

eles são minha salvação,
eles são minha desgraça
eles são minhas sombras,
eles são minhas ideias,
eles são minha mente,

eles ...
são Eu.

MERGULHANDO DE CABEÇA NO RIO E MORRENDO MAIS UMA VEZ NA BEIRA

tudo é tão profundo e tão raso, ao mesmo tempo
quanto à Platão dizer:
só sei que nada sei
e você não perceber
que a frase, teoricamente, é de Sócrates.

tudo é tão profundo e tão raso ao mesmo tempo
quanto às pessoas que mais falam de amor
são as que não sabem amar.

tudo é tão profundo e tão raso, ao mesmo tempo
quanto pessoas que apenas vagam pelo mundo
torcendo para que encontrem alguma razão
numa vida em que qualquer sentimento já deixou de existir.

tudo é tão profundo e tão raso, ao mesmo tempo
quanto saber que ninguém sabe o que é o tempo,
mas gostariam de ter mais,
achando que assim deixariam de ter uma rotina restrita a
trabalhar e dormir,

ou, ao menos, tentar.

tudo é tão profundo e tão raso ao mesmo tempo
quanto não saber a profundidade da vida,
pois nunca nos ensinaram na escola.

mas diziam que era para isto que ela nos preparava.

tudo é tão profundo e tão raso, ao mesmo tempo
quanto este poema sem sentido
que talvez possa fazer algum sentido
para você.

SE O MUNDO INTEIRO ME PUDESSE OUVIR

diria que há bêbados caídos pelas ruas da cidade
enquanto ninguém os espera em casa.

talvez nem eles esperem voltar.

se o mundo inteiro me pudesse ouvir,
diria que um homem trajando roupas caras
preocupa-se, neste momento, com uma provável queda da bolsa
enquanto um outro, desempregado,
preocupa-se com as contas de energia que se acumulam.

e a preocupação deles é sentida na mesma proporção.

se o mundo inteiro me pudesse ouvir,
diria que a maioria tem falado sobre o mês de prevenção ao
suicídio
enquanto convivem com futuros suicidas
e estão ocupadas demais para perceber isto.

se o mundo inteiro me pudesse ouvir,
diria que falhamos em escolher nossos heróis
e todos eles são tão falhos quanto nossa própria conduta.
ou sequer existem.

se o mundo inteiro me pudesse ouvir,
diria que as pessoas que se aglomeram nos engarrafamentos
não estão indo à lugar algum.

restam-lhes apenas o vago sentimento
de terem mais 10 minutos de uma falsa liberdade
em casa
que utilizarão para contar o dia maçante que tiveram
ou planejar o que farão no dia seguinte
enquanto se contentam com algumas poucas horas de sono.

se o mundo inteiro me pudesse me ouvir
contaria-lhes esta grande piada
que é esperar que me ouçam.

não ouvimos ninguém,
há tempos.

LÁ FORA

lá fora pessoas morrem,
achando que estão vivendo,
enquanto caminham pelas ruas da cidade
com um espaço vazio que não conseguem preencher

lá fora pessoas vivem
vidas que não têm interesse,
sem qualquer significado,
e se convencem que é isso que a vida as reservou.

lá fora pessoas se matam
para fugir de uma vida vazia e sem sentido
tentado livrar-se das dores
que nunca se vão.

lá fora as pessoas gritam em silêncio
pedindo socorro,
tentando achar uma saída,
ou uma melhora que parece nunca chegar.

lá fora as pessoas choram sozinhas
em quartos escuros
e levantam-se usando máscaras
para esconder suas profundas decepções.

lá fora você caminha entre todas estas pessoas
e não percebe que tudo isso acontece todo momento
e pensa que são apenas histórias de filmes norte-americanos.

lá fora as pessoas sentem
choram,
gritam,
se calam
e se perdem no completo vazio da multidão
sem que ninguém perceba.

lá fora você percebe
que essa total abstração
é concreta demais,
real demais
e atual demais,
pois
o grande problema
é que isso não acontece apenas lá fora,
mas aí dentro.

e está acontecendo em algum lugar neste momento.

À BEIRA DO PRECIPÍCIO

ponha uma poltrona à beira do precipício da vida
e observe...

há pessoas indo de encontro às pedras lá embaixo.
há dor em seus olhos,
há resignação,
há medo
e dúvidas.

há tristeza nos olhos dos que vagam pelas ruas
e eles gritam em silêncio por socorro.

ponha uma poltrona na beira do precipício
e enxergue
a vida passando lenta
sem se preocupar com aquilo que esperamos dela
enquanto pessoas destroem umas às outras
e culpem a vida por isso.

ponha uma poltrona na beira do precipício
e olhe para o horizonte
o vento estará forte e, se tiver sorte, chegará ao pôr do sol.
talvez enxergue alguma beleza incomum nisto.

afinal, quem disse que existe apenas o precipício?

UM DIA BOM

alguém, em algum lugar,
irá calçar um par de tênis,
tomar o ônibus pra casa,
comer algo,
deitar em seu sofá,
ouvir música
e
fumar um cigarro.

a vida pode ser boa
e
previsível,
às vezes.

foi um dia bom
e ele ainda
não terá terminado.

SHAKESPEARE NO MUNDO MODERNO

há algo de podre no mundo moderno
assim como havia na Dinamarca.
os romances terminam em tragédias
e a razão
nos faz seres covardes.

Hamlet é tão insano quanto Romeu
que resolveu amar
e Otelo
que resolveu confiar.

você tem medo de ser na ação aquilo que é no desejo?

pobre Macbeth
desejou demais
assim como os pacientes no divã.
você falava sobre negar os desejos,

mas sucumbiu.

as pessoas valem pelo lugar onde nasceram
Otelo,
você sabia disso.

há algo de podre no reino da Dinamarca
assim como no mundo moderno
enquanto as pessoas buscam
nos discursos dos menestréis
um motivo para acreditar e continuar.

mas, enquanto restavam apenas as tragédias diárias,
esses prazeres violentos
continuavam a ter finais violentos.

ESPELHOS

é no escuro da noite
que todos os demônios
mostram as faces
e eles sempre se parecem
com cada um de nós.

é quando
olhamos através dos espelhos
e descobrimos que eles guardam nosso maior demônio

nós mesmos.

AS MULTIDÕES SE AGLOMERAM EM MEIO AO CAOS E ME RECUSO A CAMINHAR JUNTO À ELAS

evitava multidões desde muito cedo por perceber

que todos estavam incomodados com alguma coisa

assim como eu,

mas não encontravam qualquer resposta.

éramos todos tão iguais.

até mesmo os que se diziam felizes e satisfeitos com o mundo.

o meio da multidão era um ótimo lugar para eles,

pois,

de alguma forma,

fazia com que sentissem que eram parte de algo.

mas eu não queria fazer parte deles,

não queria fazer parte de nada

e enquanto as massas caminhavam lá fora

tentando esconder isto

eu os evitava

e continuava em meu casulo

escrevendo este poema.

CINEMA MUDO NEOCLÁSSICO

olhe os transeuntes,
quantas histórias eles contam?

estão em silêncio,
não te conhecem,
não sabem quem
é você.

você pode ser um bandido,
um catequizador de rua que te dará panfletos;
um político
que está a pedir votos para resolver os problemas
que nenhum outro conseguiu,
mas disseram o mesmo que ele,
ou um artista
que não te dará nada
além de dúvidas sobre a realidade.

eles querem se afastar do perigo.

suas mentes são repletas de tristezas, alegrias
problemas, soluções,
vazios.
e histórias.

as multidões são um cinema mudo
e todos caminham encenando sua melhor personagem.

ÓPERA DA MEIA NOITE

Na rua um homem gritava: Deus está morto!
E todos ao redor, sentados num bar sujo, sem qualquer requinte,
não o contestaram. Sentiam-se abandonados por Deus, pois
parecia não ter piedade deles, logo, não valia a pena defendê-lo.

Em um dos becos, alguém vomitava num arbusto e um homem
chorava pela mulher que havia ido embora com um idiota
qualquer, deixando outro idiota para trás. Ao lado, um cara se
incomodava com um casal gay andando de mãos dadas, do
outro lado da rua e dizia que "no seu tempo não era assim",
pois as coisas costumavam ser diferentes. Homem era homem e
gostava de mulher. Enquanto isso, comentava com um
desconhecido ao lado que não sentia o toque de uma mulher
fazia tempo.

Um pouco à frente, um velho reclamava da ninharia que
pagavam de aposentadoria. Sequer dava para comprar os
remédios e honrar o aluguel. Contava que fora abandonado
pelos filhos e bebia todos os dias, lembrando de Maria, seu
grande amor, que morreu há 3 meses.

Jovens passavam para todos lados e três deles sentados numa
mesa diziam que "tava foda" e arrumar emprego estava difícil
demais. Enquanto isso, um mendigo caído pedia qualquer trago
a quem passasse por ali e uma mulher escondia os machucados
no rosto, fugindo do namorado possesso, que não aceitara o fim
da relação.

todos sujos,
inexpressivos e perdidos dentro dos seus devaneios,

falsas vaidades,
preconceitos
e dores.

nenhum deles tinha uma boa história para contar.

eram rudes,

sem nenhum talho,

qualquer alegria de viver

ou conformismo com a vida.

pareciam não concordar com o que o homem gritava na rua,
pois esperavam que, em algum momento, Deus os pudesse
salvar dos outros e do que a vida fizera com eles.

e à meia noite,

bêbados,

vagabundos,

trabalhadores noturnos,

vítimas,

agressores,

boêmios

e marginalizados

faziam um barulho infernal nesta cidade diurna.

esta era sua ópera da meia noite.

ZUMBIS QUE CAMINHAM AO SEU LADO

você não é o único desgraçado neste mundo,
há uma legião deles.

estão em toda parte
e fazem volume

são pessoas destruídas pela vida
que temem a morte
e
repetem os comportamentos
que tanto dizem odiar

estão por toda parte
e irão te arrastar com eles

se você permitir

NAVEGANTES

não há um porto seguro

para navegantes perdidos.

os que navegam

olham uns para os outros

esperando uma direção

enquanto tentam parecer belos comandantes

mesmo se estiverem

em navios naufragados.

navegamos em mares revoltos

há corpos dos que se foram,

o lixo dos que ainda vivem

e, no fundo,

as graciosas esperanças dos que não percebem

que

estamos todos,

de alguma forma,

apenas tentando provar algo

para alguém

e

não sabemos

quem,

enquanto não se sabe para onde está indo.

RESPOSTA

se não há qualquer opção além de continuar navegando.
tragam rum aos navegantes,
pois,
de certa forma,
este mar não nos venceu nesta noite
e continuaremos todos navegando.

pelo menos, por enquanto.

O QUE LEVA O HOMEM AO MANICÔMIO

são as pequenas coisas que levam o homem ao manicômio
e estes loucos sabem mais do mundo real que nós.

as contas pra vencer..,
aquelas que vencem
te tornam um completo perdedor aos olhos do mundo.

os amores que não vingam;
ser um bêbado qualquer na madrugada
jogado na sarjeta de um prédio qualquer do centro,

a pressão social em "ser alguém"
apenas para mostrar aos outros à sua volta.

a violência na televisão,
o vazio, o caos,
bater o dedo mindinho na quina do móvel depois de um dia
ruim.

entender que somos seres volúveis,
pequenos
e descartáveis.

não ter mais tempo,
não ter um pouco de ócio,
sentir que é só um mero robô.

apenas coisas pequenas,
pequenas coisas.

e não,
eu não tenho solução para isso
só queria escrever
e contar esta velha novidade para mim.

talvez esteja louco também.

FORÇA

há certamente alguma força,
que se ergue
em cada um de nós,
em alguns momentos.

quando o suicida
pensa em pular
e desiste

o bêbado
que tenta tornar a vida mais suportável
ao invés de mandar tudo pelos ares

os mendigos que se mantém vivos
à espera de alguma mudança,
que nem sabe qual,
mas os tornam seres esperançosos.

eles andam na rua guardando para si
suas dores enquanto sangram
e nada os ensina mais
que cicatrizar enquanto fingem não ter qualquer ferida.

mesmo quem nem todos consigam cicatrizá-las.

cada um que chegou ao fundo do poço,
encontrou esta força

são loucos esperançosos,
humanos como todos os outros
ou burros o suficiente para acreditar na vida.

mesmo que para ela,

sejamos descartáveis demais.

não ação

QUANDO

quando todas as chances forem zero
e a morte virar a esquina
da rua onde só você mora.

quando você não tiver nada
além de vazio
e todas as armas russas, chinesas e americanas
estiverem voltadas para você,

assim como

as críticas das pessoas à sua volta.

quando sentir fome
de algo que nenhum alimento satisfizer
e sentir que
está sufocando cada dia mais
dentro de si.

quando chegar ao fundo do poço
e sentir que está cavando ainda mais fundo,
que aquele não era o fim,
pois
o ser humano sempre tende a cavar um pouco mais
e se acostumar com um pouco menos.

quando chegar a tudo isto
conhecerá toda força,
covardia,
mesquinhez,
e beleza da sua alma -
se ainda tiver uma.

conhecerá o horror de uma alma tão humana
quanto todas as outras,

mas

ela só irá aparecer quando chegar aos limites extremos
do seu Ser.

mas,
apenas,
quando? ...

VIVENDO PARA A MORTE

morremos algumas vezes nesta vida,
mas pelo jeito ainda estamos vivos.
enquanto isto,
imagino como seria a imortalidade
e versava sobre a morte.

não há pressa para os que têm tempo.

qual a graça de comer, se não morrerá de fome?
por que
cuidariam do planeta se causas ambientais não matariam
ninguém?
poderiam até atravessar o oceano inteiro sem se afogar.

isto faria deles tolos ou preguiçosos?

a desordem,
o caos
e a superpopulação

não tenham filhos,
não precisa deixar herdeiros,
eles não terão o que herdar se você não morrer.

a morte nos obriga a viver a vida
como se fôssemos filhos de pais separados.
uma nos ganha o direito de nos ter a maior parte do tempo
enquanto a outra vem nos buscar para um passeio.
este é sem volta

há um sabor diário de vitória
quando pensamos:
"ei, eu ganhei o jogo mais um dia".
porém, ela é mais esperta
e, no fim,
sempre irá vencer.

enquanto escrevo
o tempo passa
e ela se aproxima a cada segundo
para cada um de nós
e, talvez, ela esteja na sua rua agora.

espero que tenha vivido o suficiente.

VOCÊ VIVE TODOS OS DIAS ENQUANTO A MORTE VEM

a única coisa,
única,
da vida
é a morte.

não há como escapar dela,
ela espera por todos nós

e talvez esteja nos esperando
quando abrirmos a porta
pela manhã.

O TODO FEITO DE RESTOS

crianças anseiam o fim escola

para chegar à faculdade acreditando que todos os seus sonhos se realizarão "lá", como as fizeram acreditar que seria.

universitários almejando o fim dos seus cursos

um sucesso que acreditavam haver "lá"

pois, de alguma forma, pensam que este é o arco-íris com um pote de mel no seu final.

depois, tornam-se adultos que anseiam desesperadamente pelo fim de semana acreditando que a alegria estará "lá". Mas sua chegada demora e, quando chega, passa rápido demais.

não mais suprindo seus desejos, esperam as férias, logo depois a aposentadoria que, talvez, nem chegue e a vida se torne um eterno e finito ciclo de espera por finais.

quando sentem um proeminente fim, a maioria deseja voltar e começar de novo, mas já é tarde demais.

é a viagem sem volta
dos seres que acharam que seriam imortais.

é imoral sua aproximação e, mesmo que a tenham procurado por toda vida, não a querem, pois, ainda há a espera de uma ideia de felicidade, num futuro breve

E quando se entende o que os reservam, querem voltar e viver todo resto que acreditam que existiu "lá" atrás.

mas são apenas os nossos restos
mortais
que nos restará no fim

são eles que nos esperam "lá".

TUDO UM DIA VIRA PÓ

os seus pais,
a sua família,
seus amigos,

os muito inteligentes, que são tolos.
os pouco inteligentes, que são sábios.
os que acham ser muito, mas são muito pouco,

os traficantes e os policiais.
os assaltados e os assaltantes.
os depressivos e os budistas.
os macumbeiros e os evangélicos.
as prostitutas e os cafetões.
os que bebem e comem churrasco e os que fazem *crossfit*.
os pregadores e os ateus.
eu e você.

todos viraremos pó
ou
comida para as larvas que comerão nossas carnes

torcendo para que venha o próximo banquete.

MONTANHA RUSSA DA VIDA

enquanto todas as montanhas russas do mundo sobem
o sabor da monotonia
mora em cada um dos que espera se divertir ali.

há os apreensivos
que temem a morte de qualquer forma
e acham que ela pode chegar naquele momento

enquanto se lembram de ter assistido premonição
e achar que a vida imita a arte.

quando se chega ao pico
e aquele monte de ferro despenca na descida
em queda,
quase livre

os estômagos se reviram
e alguns se divertem com os gritos
dos que têm medo
e divertem-se com a descida
sentindo o risco daquilo em suas entranhas

esperando que tudo saia como planejado
e aquele brinquedo pare.

por mais que digam que não,
as pessoas
têm um estranho amor por uma possível dança com a morte,
enquanto arriscam-se,
e divertem-se
dizendo,
indiretamente:

sei que vai me levar,
mas não hoje.

ENTÃO ...

alguém morre numa noite qualquer
e quando nasce o sol
tudo começa a se decompor.

seu trabalho será feito por outro,
quem te jurou amor eterno estará fazendo juras à outra pessoa
esquecendo seu rosto cada dia mais.

sua casa será habitada por alguém que não é você.

seu carro dirigido por alguém que não tem dinheiro suficiente
para comprar um novo modelo.

e tudo que você dizia ser seu
não é mais
enquanto, na verdade,

nunca foi.

EPITÁFIO

quando a dona morte me encontrar
irei beijá-la com toda ternura
e amá-la como uma verdadeira amante
que me perseguiu durante toda vida.

não esperarei louros ou reconhecimento.
quiçá palavras doces daqueles que um dia me conheceram.
não precisa haver choro ou despedidas melodramáticas.

não estarei aqui para ouvir boas palavras e nem irei querer o
seu amor,
então, não as digam e nem se declarem.
não irei ouvir nenhuma delas
e não irei julgar nenhum de vocês por isso.

não me levem flores,
palavras de amor ou de saudades.
apenas levem a boa e velha realidade.

cuspam todo ódio e desconfortos que guardaram por anos
e não tiveram coragem de me contar.
falem sobre como é esquisito meu apreço pela solidão
ou como acho a morte o assunto mais interessante para
entender a vida.

digam-me o quanto fui odioso,
chato, esquisito, estranho...
me escarneçam
e não tenham moderação em fazê-lo.
contem tudo que sabem sobre mim,
contem as piores partes de mim.
não deixem nenhum assunto pendente.

e não me prendam num caixão!
queimem meu corpo,
o que restar dele,
o que restar de mim,
mas antes o molhem com vinho e cachaça.

joguem as cinzas em qualquer rua escura da cidade,
onde hajam bêbados,
mendigos
e pessoas mortas caminhando para todos os cantos.

deixe-me ouvir eternamente a ópera da meia noite

contem meus defeitos pela última vez,
riam deles,
riam de mim,
riam até sentir dor na barriga
e deixem-me saber …
deixem-me saber quem eu realmente fui.

depois …
bom, depois
deixem-me livre,
deixem-me solto,
pois, quando chegar a hora
quero que deixem-me ir.

este é o melhor dos epitáfios.

ESTOU FALANDO COM NINGUÉM

andando pela avenida mais movimentada da cidade,
há multidões nela todos os dias.
logo estaremos em casa
e elas continuarão lá,
mesmo que eu não esteja.

ninguém se lembrará que estive na semana passada.

a completa união de falsas superestimas de si
nos faz pensar que temos qualquer destaque
sobre as multidões.
pensava nisto enquanto dois caras brigavam
do outro lado da rua
e um deles perguntava:
você sabe com quem está falando?

talvez eu saiba,
mas não era da minha conta
e segui meu caminho em meio à tantos "outros".

OS "NINGUÉNS" QUE NÃO NOS SIGNIFICAM NADA

você não é nada para mim, não sou nada para você.
você não me conhece nem eu te conheço.
nós nos julgamos e execramos
nossas humildes e medíocres existências.

não há nada a honrar.
nossos compromissos nos tiram o norte
e a vida almejada está ao sul,
ao sul de lugar nenhum.

enquanto xinga minhas atitudes observo as suas
e você me diz:
que ser vazio, pequeno, mesquinho e egoísta é você.

em nossa miséria diária
somos semelhantes,
fadados à morte e ao fracasso.

eu te odeio,
você me odeia
e não nos entendemos.

nossas ideologias não combinam
mesmo que nenhum de nós saiba quais são elas.

por vezes, nos sentimos vazios
e nenhum outro em volta
parece se importar,
assim como não nos importamos com os demais.

somos apenas competidores inconscientes.

e assim nos tornamos
os "ninguéns"
que não nos significam nada.

OS TRENS DESCARRILHARAM NA ESTAÇÃO E SEQUER PERCEBEMOS

a vida se torna agitada como os metrôs
da estação de integração no horário de pico.

pessoas desintegradas
caminham pela estação com suas vidas fora dos trilhos.
estão suados
e seus poros exalam
o cheiro de suas dores e frustrações cotidianas.
seus olhos são desconfiados
como os de pessoas que caminham sozinhas
em ruas escuras à noite.

os metrôs parecem o dia a dia desta cidade:
andam rápido e não aceitam perder tempo.

cuidado com os metrôs,
eles são como a vida.

> mas ficarei devendo um final aqui,
> pois minha estação é a próxima.
> e ele continuará seu caminho,
> mesmo depois que tenha ido.

OPERÁRIOS

fumando o último cigarro antes de ir
enquanto os operários trabalham na obra ao lado.

logo estarão indo para casa
contando suas difíceis histórias,
como odeiam seu trabalho
e sua vida imperfeita.

estão trabalhando na construção dos trilhos de um transporte
público,
que as massas irão utilizar para ir ao trabalho
e voltar contando os lamentos
de suas vidas imperfeitas.

parece que tudo é imperfeito nesta cidade
e
ninguém consegue construir
nada.

DARWIN, O FARSANTE

comida,
água,
reprodução
e a terra.
ter mais força,
mais alimento,
maior atividade reprodutiva
e afastar os predadores.

é este o símbolo do sucesso dos animais,
racionais ou não.

cachorros pensam ser ricos
quando têm muitos ossos enterrados.
nós,
por temos "contas recheadas".

e há quem diga que somos uma raça evoluída.

OS DINOSSAUROS TIVERAM QUE DEVORAR A PRÓPRIA ESPÉCIE POR NECESSIDADE E FAZEMOS POR ESCOLHA PRÓPRIA

os medievais culpavam as bruxas,
demônios,
hereges,
prostitutas
e a "falta de Deus"
por todo "mal" existente.

refletia sobre isso quando ouvi alguém tentar me explicar
que o mal da década é a depressão.

as guerras,
mudanças socioculturais,
recessões,
a "aceleração do tempo"
que obriga as pessoas a fazer cada vez mais coisas
em cada vez menos tempo,
e ter de "ser alguém" em padrões cada vez maiores
num caos diário que chamamos cotidiano.

não há quem nos salve disto.

e como Erisictão
a humanidade irá devorar tudo e todos à sua volta,
depois cada parte de si,
até não restar mais nada.

e quem sabe,
nos tornaremos uma raça extinta.
assim como os dinossauros.

pobres dinossauros.

2 DE JULHO

olhe pela janela
é feriado de independência,
estamos livres.

um brinde,
um porre,
e um final,
um pouco mais feliz,
que o normal.

até que o próximo dia útil chegue.

DIA DOS INÚTEIS

da janela de um apartamento
vejo uma das vias mais movimentadas da cidade,
vazia.

é sábado à noite,
bebo vinho
e fumo um cigarro
vendo o movimento
dos poucos carros que transitam lá embaixo

é o dia de folga deles
é o meu dia de folga,
mas
folga do quê?

ensinaram-nos a viver de segunda à sexta,
sábado à noite nos parece um dia vazio
que precisa ser preenchido à qualquer custo

agora estão lá...
indo a "algum lugar",
fazendo "alguma coisa"
imaginando algum tipo de diversão.
tirando *selfies,*
mostrando ao mundo suas faces sorridentes

e sua vida feliz,
a mesma da qual reclamará na próxima segunda feira.

pois, para eles,
este

não é um dia útil.

DAS 8 ÀS 18

das 08 às 18 te dizem para ser produtivo,
motivado,
versátil,
e trabalhar cada vez mais.

enquanto lembra do que ouviu nas palestras motivacionais.
ah! que perfeitas.

elas lembram que a vida é bela,
basta querer e terá.
deseje e terá o mundo aos seus pés.

pense positivo,
pense fora da caixa,
trabalhe enquanto eles dormem,
estude enquanto se divertem.

o que é a vida sem o sucesso?

pratiquem exercícios,
durma cedo,
beba bastante água,
faça ioga, pilates, *crossfit*,
converse com seu psicólogo,
seu nutricionista,
e seu terapeuta holístico

se não conseguir dormir
você poderá pagar seus remédios para isto.
e há vitaminas para que esteja forte,
bem-disposto e vigoroso na manhã seguinte
para enfrentar o mundo com garra
e deixar sair o glorioso vencedor
que há em você.

se nada disto der certo
sua ansiedade pode ser controlada na farmácia,
não se preocupe, há antidepressivos para todos.

e tudo isto
para que você consiga aguentar a vida
das
08
às
18.

OS BÊBADOS, AS PUTAS E OS MENDIGOS

os bêbados
as putas
e os mendigos
são os seres mais reais que existem.

eles conhecem a vida como nenhum outro

os caras de camisa social,
alguns em seus ternos,
empregos
e vidas equilibradas
olham estranho para eles
como se fossem
algum tipo de aberração.

mas em seus expedientes

vendem imagem e simulam opiniões
para agradar pessoas que sequer gostam.

em seu *happy hour* e poderão ver que querem,
desesperadamente,
alguma bebida
que os embriaguem
e os façam esquecer
a maçante semana pela qual dizem ter passado
e julgam como nojentas
as pessoas com quem convivem.

mendigam atenção
com suas fotos superficiais
dos lugares "badalados" onde as pessoas acham
que queriam estar
para ser
o que acham quer deveriam ser.

acompanhem-nos em sua vida
e vejam que são versões feias
dos bêbados,
das putas
e dos mendigos

só não têm coragem de dizer.

SOBRE BÊBADOS E OUTRAS SANDICES

Ao inferno todos vocês! Praguejava um senhor na rua.

Era noite, ele sorria e dizia que era o mundo um lugar estranho. Porém, mais estranho que o mundo, era seu sorriso, não era de alegria, era algo mais próximo do desdém.

Antes de falar sobre ele é preciso explicar uma coisa sobre os bêbados: não são loucos, são inconformados. Às vezes, é preciso silenciar a voz que vem da mente, ou o que alguns chamam de "Eu interior" e eles lidam com maestria com isto.

Bukowski dizia: "ser são é fácil, mas para ser bêbado tem que ter talento".

Tem que ter frustração, uma voz pronta para falar coisas aleatórias na rua, uma amargura sem tamanho. É tirar o líquido do copo para o corpo, na tentativa de tirar alguma dor da alma.

a madrugada é seu palco.

São músicos, são poetas, são apaixonados, são loucos, são tudo, só não estão sãos. Riem das frustrações, das dificuldades, dos próprios medos encenando um belíssimo teatro trágico.
são trovadores, cínicos, românticos, parnasianos e os mais realistas de todos.
Sem bloqueios, sem medos, e, por vezes sem mais nada.
Ficam alegres com coisas simples feito criança, pensam que são sábios como anciões; choram como bebês, riem como idiotas, ... e são.

O problema mesmo são os sóbrios embriagados de regras, padrões, status e convenções tentando silenciar suas vozes e suas dores tendo aquilo que não se precisa para parecer algo que não é.
tem que ter status,

posição social,

tem que ter dinheiro,

tem que ter,

tem que ter...

Usando diversas formas de fuga, tentando acabar com as frustrações de alguma forma, projetando em algo aquilo que incomoda em você. Cada um em sua embriaguez particular.

os bêbados neste ponto parecem normais na história

riem, dançam, pulam, brincam.
são tudo, são nada, apenas são.
e além disto, são afortunados ao saber que esta embriaguez no dia seguinte passa,
talvez sobre a ressaca, mas essa também é passageira.
enquanto os sãos, bem, sabemos que a embriaguez não irá passar tão cedo.

enfim, voltando ao que o senhor bêbado resmungava, não lembro do que dizia. Na verdade, sequer dava para entender.

afinal,

é necessário estar bêbado para entender um deles,

e naquele momento eu era só um sóbrio normal,

embriagado pelas preocupações cotidianas.

SELVA DE PEDRA

nesta selva de pedra
pessoas vêm
e vão.

sabe-se lá para onde;

nesta selva de pedra
pessoas devoram umas às outras,
mastigam-nas como se não tivessem
qualquer valor
e te dizem que:
cada um vale o que tem.

nesta selva de pedra
há pessoas semimortas
que não expressam qualquer reação de vivacidade em suas
faces.

pálidos,
mórbidos
e cansados.

nesta selva de pedra
pessoas odeiam umas às outras
e estão desconfiadas e saturadas de tudo.

afinal, não têm mais tempo para nada

nesta selva de pedra
as relações
tornaram-se apenas *networking*.

e, vivendo nesta selva de pedra,
respiro seu ar poluído e sujo
pelos gases e pelas almas que nela transitam,
enquanto trago um cigarro tão barato quanto eu;
e solto a fumaça no ar
torcendo para não ser tragado por ela
e sumir em meio às paredes dos prédios,
assim como a maioria das pessoas deste lugar,
que se tornam
apenas mais um tijolo
desta construção.

ONDE ESTÁ A FÓRMULA?

para que falar de sucesso?

humanos costumavam ser hedônicos
e melancólicos,
não depressivos.

dizem que o sonho americano falhou.
acreditamos que
falhamos junto com ele
quando descobrimos
que existem muitas formas de enterrar sonhos neste mundo.
quebramos como a bolsa.

o mundo não é um lugar fácil de se viver

ouçam...
a morte nos chama.
e isso deveria ser o suficiente,
para aproveitarem o tempo que ainda temos.

mas estão ocupados demais,
buscando a fórmula do sucesso.
sem se dar conta que farmácias
em todas as esquinas
não vão curar estes efeitos.

não há fórmula para isto.

SAÚDE! – O CONTO DE NARCISO

Narciso era um recém-desempregado que teve de ir ao médico por conta de um procedimento padrão quando se é demitido. Colocaram-no numa sala, fecharam a porta enquanto percebia a repulsa e a felicidade em livrar-se dele para sempre.

nunca foi um cara fácil de lidar,
ele sabia.

Ficava em silêncio a maior parte do tempo, fazia seu trabalho para que lhe pagassem um salário e não dava a mínima para as falsas vaidades, ideias, viagens ou as vidas que se gabavam em ter.

sabiam disso,
Narciso também.

Ficou em silêncio todo tempo e quando perguntaram se tinha algo a dizer, continuou em silêncio. Não sabia fazer firulas ou bancar o emocional como esperavam. Ele nunca abaixava a cabeça para ninguém, por isso sabia que não era uma relação saudável, afinal, ele quebrou os protocolos daquela relação.

Odiavam-no por isso e ele não os culpava,
pois, ou se tornava o que eles queriam, ou terminava como Narciso.
Cada um escolheu o lado que preferia.

Restou apenas algum dinheiro que serviria para o aluguel, bebidas e cigarros. Saiu de lá destilando suas caras fechadas e a graciosa hipocrisia velada de quem se vê numa posição de domínio no mundo, sem perceber que eram os dominados. Os demais desejaram boa sorte e ele pensava:

como ter boa sorte neste mundo?

apenas dias em que o azar é mais ameno, respondeu para si.

Seus rostos estavam pálidos, temiam ter o mesmo fim e não entenderam quando saiu sorrindo. Ele já tinha visto muita coisa no mundo lá fora, aquilo não o assustava.

sabia caminhar no inferno.

Agora, pensava: devem estar de frente aos relógios pedindo para que as horas voem, seus expedientes acabem e livrem-se por algumas horas daquelas pessoas, enquanto Narciso bebia em algum canto da cidade e fumava alguns cigarros temendo ter o mesmo fim que eles.

ele tinha pena de suas almas e queria que soubessem disto enquanto repetia para si:
beberei por vocês hoje.

saúde!

NATUREZA HUMANA

tiraram o ócio
e há cada vez mais asco.

do outro,
da vida,
de tudo

e ninguém explica as regras do jogo quando te mandam jogar.

enquanto dizem que:
"você precisa se jogar de cabeça para ter sucesso"
cresce, o número de arranha-céus na cidade
e as pessoas querem mergulhar de cabeça deles.

seres psicologicamente esgotados,
financeiramente falidos,
fisicamente destruídos
observam

filas de doentes crescem
proporcionalmente
ao número de farmácias
nas esquinas da cidade.

é!, parece que ninguém leu os hábitos para ser feliz
enquanto o mundo caminhava para um desastre natural
causado pela natureza
humana.

TALVEZ VAN GOGH

Van Gogh perdeu a orelha
pelo amor que tinha por alguém.
Luís XVI perdeu a cabeça
pelo ódio que tinham por ele.

ouvi minha professora de história
falar sobre Luís XVI perder a cabeça,
mas nunca falou sobre Van Gogh.

nos ensinam o quão louco pode ser o ódio
e não ensinam o mesmo sobre o amor,
mas
quem seria louco de falar de amor?

talvez Van Gogh.

COM AMOR, OBÁ

Obá era uma brava guerreira
que tinha força de mil soldados
e sucumbiu.

arrancou a orelha por amor
e nem mesmo mil seres aguentariam lidar
com esta sandice.

Van Gogh é prova.

talvez por isto
Ogum preferiu enfrentar um dragão.

parecia a coisa mais inteligente a se fazer.

contemplação

O ESCURO DO MEU QUARTO

sempre gostei de apagar todas as luzes
e deitar na cama com as portas fechadas.
me dava certa segurança.

certa vez escrevi um poema sobre o escuro do meu quarto
e aquele poema,
com certeza,
foi o poema mais lindo e mórbido que já li.

por anos amei aquele poema
até que se perdeu.

agora, estou no escuro de casa - em outra casa -
com as portas fechadas
lembrando da beleza daquele poema.

todas as palavras escritas nele me fugiram à mente,
mas
ainda continuo amando o escuro do meu quarto
e aquele poema.

onde quer que esteja neste momento,
saiba que ainda lembro de você
e
continuo te amando.

A ESCURIDÃO DESTA NOITE

porta fechada
e sou eu e minha escuridão esta noite.

ela me olha,
sorri
e convida para mergulhar novamente nela
enquanto meu cachorro dorme bem ao lado,
sem se importar.

é uma velha conhecida para nós dois.

sorrio,
dou mais um trago no vinho,
solto a fumaça presa em meus pulmões
e digo:
olha querida,
tivemos um grande amor no passado,
e você destruiu tudo que pôde,
mas hoje não vai dominar mais nada
e será apenas o combustível que move minha escrita.

é o máximo que posso oferecer,
desculpa.

SINTO MUITO, MAS NÃO SINTO NADA

falavam de amor
os transeuntes do outro lado da rua pela manhã
e eu não ouvia por estar preocupado demais
em ouvir a música que tocava nos fones.

achavam que sabiam o que era o amor
os seres que se importavam com a história de amor
por trás do verso.

acreditavam tê-lo encontrado
as pessoas que esperavam que o amor era um embrulho no
estômago
seguindo fotos amáveis em redes sociais
com legendas de músicas que também falavam disto.

pessoas nestas fotos
davam-lhe corações para aparentar que também amaram.

todos falavam demais sobre o assunto
e o amor continuava a ser
tudo que dissemos que não era.

à noite, acreditava sofrer de amor
um cara do outro lado da rua
achava que o amor superava tudo.

não mais falava mais sobre isto,
apenas sentia.

as legendas e as músicas
não tinham qualquer sentido agora.
de nada valia a história que tanto prezava
quando seu antigo objeto de transcendência,
que achava possuir,
parecia ter se quebrado
e por isso, uivava de dor sem qualquer ferimento.

eu não falava de amor
e quando passei por ele
em minha frieza característica
de quem achou um pouco de paz em meio ao caos, naquele
momento,
tirei os fones e lhe disse:
sinto muito, cara.

depois, segui meu caminho sem olhar para trás.

DOIS LADOS DE UMA MOEDA, SEM CÂMBIO

o que seria de Jesus sem Judas?

a vida sem a morte?

Aquiles sem a guerra de Tróia?

a segunda guerra sem Hitler?

a revolução haitiana sem os franceses?

Deus sem o inferno?

a guerra dos trinta anos sem o clero?

a primavera árabe sem Gaddafi?

e o iluminismo sem Luís XVI?

eles continuam por aí,
escrevendo histórias que só existem por causa deles,

mas só lemos a versão dos "vencedores".

PARAÍSO PLATÔNICO

o seu paraíso
e o meu paraíso
não são os mesmos,
então,
não iremos para lá.

podemos seguir as tais sagradas escrituras
ou comprar um daqueles lotes no céu
que estão à venda por aí
e não gostaremos de lá.

há regras demais,
há moralidade demais
e me parece um lugar
bastante tedioso
para a maioria de nós.

começo a me perguntar
se o paraíso foi criado por Platão;
só é tão perfeito
por nunca termos chegado até lá

e nunca iremos
ficará apenas no campo das ideias.

O PARAÍSO DOS TOLOS E O INFERNO DOS ERRANTES

todos querem chegar ao paraíso
e a maioria faz orações diárias para que os levem para lá.

todos querem chegar ao paraíso
e esperam ansiosamente como uma criança
que pergunta a cada 5 minutos: a gente já chegou?

a esperança é o que move os tolos

todos querem chegar ao paraíso
em que Adão foi expulso por comer uma fruta;
Lilith, por não aceitar ser submissa,
e Eva, que achavam ser submissa,
mas controlava Adão à ponto de fazê-lo comer a própria ruína.

estão todos buscando o paraíso

enquanto caminham descalços pelo fogo do inferno.

e não há nenhuma figura demoníaca como dizem.
apenas contas, o aumento do desemprego
e a economia sempre oscilante.
e nenhum dos pobres mortais sabe explicar, mas ouviram falar
dela na TV.

todos querem chegar ao paraíso
mas esquecem que dizem que fomos expulsos de lá.
esta é a realidade que nos restou.

e sequer nos avisaram pelo que estamos pagando.

O CONTO DOS MISERÁVEIS QUE NOS CERCAM

Narciso e Ícaro trabalhavam em um dos prédios comercias da cidade e seus mais de 30 andares faziam com que enxergassem todos lá embaixo como pequenas formigas.
Narciso caminhava conversando com Ícaro até que Ícaro parou e deu uma sacola com porções de comida que trazia de casa a um homem na rua e disse: e aí Biricotico, toma aí. Até mais, amanhã trago um presentinho.

Narciso observava tudo o que acontecia até que questionou:
- Por que o chama de Biricotico?
- Ele me disse que era o nome dele. Ninguém sabe seu nome verdadeiro.
- Haha... e eu achava que quem inventava pseudônimos eram os poetas. Parece que os mendigos também. No fim, ambos são assim. Passam fome, não são levados a sério e ninguém se importa com eles. Pobres almas...
- Ele não é mendigo, ele é catador nessa região. Mas teve uma vida que parecia legal, até que veio parar na rua. Agora ele é um fodido, como a maioria.
- Como sabe?
- Ele me contou
- O quê?
- Um dia parei ali naquele isopor da esquina e tomava umas cervejas com ele. E sabe como são as coisas... se você se mostra um pouco confiável e dá álcool à uma pessoa ela costuma falar sobre tudo com você.
- Ele era rico?
- Sim. Mas deram um golpe nele e tomaram tudo o que ele tinha.
- Hum
- Assim ele veio morar na rua. Acho que por isso não diz o verdadeiro nome. Deve ter vergonha da história que ele carrega.
- Porra, e como ele consegue viver assim?!
- Não sei, ele não fala sobre o assunto. Mas trago comida para ele sempre que posso e uma bebida, de vez em quando. Não custa nada tornar a vida dele um pouco mais agradável e,

também, não sou tão menos decadente que ele, então, é o máximo que posso fazer.

- Por que faz isso?

- Antes de arrumar esse emprego estive desempregado por muito tempo. Em uma das minhas saídas para procurar emprego, sem dinheiro nem para pegar um ônibus e no calor do verão, passei mal de fome, cheguei até a desmaiar. As pessoas paravam para fazer fotos e gravar vídeos, mas ninguém me ajudava. Biricotico tinha ido vender os materiais recicláveis que ele pega pela rua e me viu caído. Apenas olhando sabia que era fome, então pegou um pouco do dinheiro que conseguiu, comprou um lanche com suco e me deu.

Lembro da cara das pessoas, se afastando dele enquanto vinha na minha direção, achando que faria algum mal a eles. Ele apenas me deu o lanche e perguntou: "Dia ruim, né, meu brother? Forra o estômago aí que vai ficar novinho em folha." As pessoas em volta começaram a dizer que isso era coisa de Deus e que ele opera no coração de todos. Só que não fizeram nada para ajudar, apenas gravaram vídeos e publicaram em redes sociais. Um deles até viralizou porque foi usado por um desses gurus que gravam vídeo para internet. Ele usou para vender um curso chamado: O segredo de uma mente altruísta nos negócios. Nunca viu, Narciso?

- Não, não fico ouvindo opiniões das pessoas na internet.

- Hum ...

- Mas quer dizer que já foi alimentado por alguém que mal tem dinheiro para comer, enquanto os que falavam de Deus e altruísmo apenas observavam sua desgraça. Interessante...

Ficaram em silêncio e caminhavam para o ponto de ônibus e na mente de Narciso ressonavam palavras que não lembrava onde tinha ouvido, mas dizia: Às vezes há beleza até no inferno.

Enquanto isso, observava todos aqueles miseráveis que os cercavam.

PÁGINAS ESCRITAS EM BRANCO

tenho me perguntado onde estão os Amados,
Machados, Pessoas, Rodrigues,
Fantes, Hemingways, Gutierrezs,
Alighieris, Wildes, Schopenhauers,
Orwells, Exuperýs, Poes,
Bukowskis, Londons, Kerouacs,
e tantos outros?

quando a literatura se tornou rasa
vazia, irritante
e superficial?

ditadores queimavam livros,
eles eram perigosos.
ensinavam a pensar,
davam espaço à criatividade
e à crítica.

hoje, usariam livros.

afinal,
demitiram escritores,
contrataram gurus.

autoajuda,
hábitos para ser feliz,
eficaz, influente,
organizado, bem-sucedido,
alegre, bem visto

e eles continuam a surgir
enquanto o mundo lá fora
parece estar em busca de soluções
que
não tem mais tempo de procurar.

OS MARINHEIROS TOMAM CONTA DO NAVIO

enquanto os desinformados
nos informam sobre a vida,

os que não sabem nada sobre o dia a dia
nos ensinam a fugir da rotina,

os gurus que não resolvem sequer seus problemas,
nos ensinam a resolver os nossos,

e pessoas que não conhecem um país
são sempre aqueles que os governam,

os marinheiros tomam conta do navio

e os capitães
ruminam em suas cabines.

AS LINHAS FALAM MAIS QUE AS VOZES

Narciso caminhava pelas ruas até a casa de seu avô que estava saindo e encontraram-se no caminho de casa.

- Narciso, esqueci que tinha algo que não dá para desmarcar, mas não lembrei que Manoel, que veio lá de Mundo Novo, chegaria hoje do interior. Ele está na varanda tomando um ar. Não demoro, vou num pé e volto no outro. Faça companhia a ele, estarei aqui em uma hora de relógio.
- Certo vô, vou fazer isso - Seu avô sempre ia a Mundo Novo visitar esse amigo, mas não o conhecia pessoalmente.

Ao chegar no portão viu um senhor que observava a vizinhança. O olhar distante e a feição amena diziam muito sobre ele.

- Olá senhor, sou Narciso, neto do vô Hermes, é um prazer conhecer o senhor.

Rabiscou um papel e deu a Narciso, que leu atentamente: Olá moço, me chamo Manoel, o prazer é meu.

- Oh! me desculpe. O senhor tem uma deficiência na fala. Me perdoe, não sabia.

Seu Manoel sorriu longamente e não escreveu mais nada. Apenas apontou a cadeira ao lado e Narciso se sentou.

Em silêncio, ambos observam as ruas do centro da cidade. Uma movimentação infernal de pessoas transitando para todos os lados. O comércio movimentado numa tarde de sábado e todos não paravam para nada.

Um cara num carro tentou sair de uma rua e foi fechado por outro, deu uma leve batida que sequer causou um arranhão em nenhum dos carros, mas ambos motoristas discutiram, sentiram-se lesados por não terem a preferência de andar como bem entendiam pelas ruas da cidade.

- Venha não que vou rumar a desgraça em você, sinhá miséria!

- Colé mermão? Tá achando que é mais *homi* que os outros, é?

- Venha pra mão, vá. Eu pico-lhe a porra em você.

E um deles foi. Confusão da porra na rua. Gente que só a porra filmando o pau quebrando, ensandecidos gritando e "botando fogo" até que um homem que passava resolveu apartar a briga.

Um deles entrou no carro, pegou um 38 enferrujado e saiu disparando contra quem quer que estivesse naquela direção, mas a arma era velha demais e negou todos os tiros. Foi gente correndo para todos os lados e aqueles que olhavam e incitavam a confusão, após os tiros falharem, foram os primeiros a ir para cima do homem e tirar a arma das mãos dele antes que atirasse em alguém - autopreservação, apenas.

Dona Maria, da casa ao lado, quando ouviu a gritaria saiu para ver e chamou Glória, a vizinha de cima para ver também. Findada a confusão dona Maria disparou:

- Tá vendo aí, Glória? Isso é falta de Jesus no coração. Umas pragas dessas deveriam estar com o joelho no chão pedindo para Deus transformá-los em pessoas melhores.

- É, "esses cão". Nenhum presta, tudo sangue ruim. Cheios de demônios no corpo.

- Falando em demônio no corpo menina ... Você viu o filho de Ana, da rua de cima? Virou macumbeiro, menina. Falaram que viram ele no terreiro de Isaura, virado no santo.

- Oxe, de santo esses negócios aí não têm é nada. Deus que me livre dessas coisas!

Narciso olhou incomodado tudo aquilo, sentia o estômago revirar. Era um idealista e detestava a maioria das pessoas. Achava que eram desrespeitosas demais. Não conseguindo segurar, pensou em expressar qualquer opinião, mas foi parado ao olhar para o lado e ver um dos papéis de Seu Manoel escrito: "Se for para falar com raiva, melhor não falar".

Aquilo fez com que continuasse em silêncio por mais um momento enquanto, do outro lado da rua, duas pessoas se xingavam por discordarem de questões políticas. Um deles defendia o presidente, o outro um ex-presidente. Eles vociferavam um para o outro sem ouvir nada o que diziam, talvez nem os próprios argumentos.

Eram belos seus discursos e ambos pareciam ter total certeza do que estavam falando. Narciso, não concordando, pensou consigo mesmo, em tom de gracejo: "Esses aí podiam atirar um na cara do outro, ninguém sentiria falta de defensor de político mesmo." Mas lembrou das palavras escritas no papel.

Foi uma hora bem movimentada aquela. Um comerciante discutia com um homem que o acusava de roubar sua carteira, a que havia colocado no balcão para pagar a mercadoria e depois não estava mais. Ele esbravejava dizendo que chamaria a polícia, caso não devolvesse imediatamente, e o comerciante era segurado por comerciantes vizinhos para não descer a porrada no homem que ele dizia estar de "baratino" para o lado dele. Ele deve ter enfiado no rabo a carteira, pois, não tinha nenhum ladrão naquela loja e era ele quem tentava roubá-lo.

Cinco minutos depois, ensandecido, o homem abriu a sacola para tirar as camisas que havia comprado e assim reconstituir os fatos e encontrou sua carteira jogada entre as camisas. Sua mulher, que foi numa loja próxima procurar uns brincos para usar no aniversário da prima voltou sem entender e, logo, depois explicou: "Carlos, eu coloquei aí dentro enquanto ele estava dobrando as camisas para pôr na sacola. Você esquece de tudo, então joguei aí para não esquecer. E, o mais engraçado nisso foi um ambulante que viu tudo sem falar ou fazer nada, reagir dizendo: Porra Carlos, aí cê me quebra, né pai?"

O homem não disse nada ao ambulante, apenas saiu em silêncio e, ao virar a esquina da loja, começou a esbravejar tudo que podia contra a mulher pelo o que ela, supostamente, teria feito. Enquanto ela respondia: "Vá com sua raiva pra lá, cabrunco, e não me rete não. Se prestasse atenção nas coisas não tinha passado essa vergonha."

Enquanto isto, Narciso observava as feições do Seu Manoel durante todos os fatos que presenciaram em pouco mais de uma hora ali, sentados, em silêncio. Ele parecia ser transparente e já saber de tudo que acontecia.

Aprendeu naquele pouco tempo a observar e estava aprendendo sobre aquelas coisas.

Narciso era silencioso, mas não sabia observar.

Neste momento surge seu Hermes, demorou cerca de uma hora e meia. Suado, como se tivesse corrido o máximo que pôde para não demorar muito e deixar seu amigo esperando. Entrou pelo portão dizendo:

- Manoel, desculpe aí qualquer coisa. Eu tinha esquecido mesmo dessas coisas. Mas como é que você tá, homem? Faz tempo que não lhe vejo.

- Tô bem Hermes, passei meus últimos anos lá no meu roçado em Mundo Novo. Vim para Salvador visitar minha filha.

- Ah! Então, conseguiu reconhecer Narciso? Você viu pequeno e já está com 22 anos.

- É, rapaz, cresceu. Nem parece aquele toco de gente que conheci pequeno.

Seu avô entrou, o dia estava quente e ele precisava de um banho. Narciso olhava com estranheza para Manoel e sequer se importava que o conhecera quando criança e não lembrava. Só queria saber o porquê dele ficar em silêncio todo aquele tempo já que ele falava normalmente.

- Mas você não era mudo?

- Oxe, não disse que eu era deficiente da fala? Agora sou mudo? Hahaha! Que mudança ...

- O senhor entendeu ...

- Meu rapaz, tava escrevendo umas coisas quando chegou, por isso escrevi no papel, para não perder o fio da meada naquela hora. Em momento algum te disse que não sabia falar, você quem achou isso e me pareceu divertido sustentar essa mentira. É o que as pessoas fazem quando não sabem fechar o bico na hora certa, preenchem os buracos com achismos bestas.

Manoel entrou na casa e deixou Narciso sentado no mesmo lugar, mas, antes de entrar, escreveu algo e o entregou. Ele lia atentamente a folha que dizia:

- Só não queria perder a oportunidade que a maioria perde: a de ficar calado na hora certa.

E DAÍ?

é difícil conviver comigo,
eu nunca me importo com o que é importante para o mundo.

alguém me diz:
EI CARA, OLHA LÁ, AQUELE CARA DA TV!
e eu digo:
e daí? A TV só diz bobagem, não acredite neles.

me enviam uma notícia e dizem:
OLHA, PESSOAS ESTÃO MORRENDO
mais uma vez: E daí?
pessoas morrem desde que o mundo é mundo.

de repente as pessoas se afastam
talvez por eu não dar crédito a elas
e às importâncias coletivas.

não ligo para seus cargos,
status,
respeito,
imagem,
e
títulos.

nunca me valeu muito,
talvez por eu não ter nada disso.

e tudo isso seria poético se estivesse falando de mim,
mas esse é apenas o presidente.

SALVADOR

Cristo da Barra num fim de tarde
onde os carros se aglomeram
e formam seus engarrafamentos.

alguns correm para melhorar a saúde,
e cansados trabalhadores,
que logo serão apenas bêbados jorrando seu ódio
pelos acontecimentos diários,
chegam para o *happy hour*
enquanto os *hippies* se juntam no farol
cantando canções de reggae em seus violões.

há tamanha vivacidade nesta cidade suja
e nas multidões que contam histórias
que não são ouvidas por ninguém.

nenhum deles a fórmula do sucesso
apenas dos fracassos cotidianos,
mas procuram por ela
enquanto a cidade se funde a cada um deles
e seu ar exala poesia nas paredes do centro.
cada um deles procura nestas ruas a saída para seus problemas
e logo descobrem
que
não há nenhum salvador entre nós.

DEMOCRATICAMENTE

a democracia é um ato

através do qual pessoas

elegem pessoas,

que prometem resolver problemas,

que sua classe de pessoas ajudou a criar.

e o verso se tornou tão redundante

quanto o horário eleitoral.

é como uma espécie de jogo de futebol,

em que,

a maior torcida ganha.

e,

por mais que esteja tudo indo de mal a pior,

seu discurso continuará

repleto de emoção e paixão.

a raça humana falhou com tudo que envolveu emoção,

mas

continua a pensar

que

pode acertar na política.

HERÓIS PLATÔNICOS

Há uma previsibilidade nas figuras políticas deste país que transcende a própria lógica.

Um assunto se torna polêmico e muito discutido, logo aparecem em redes sociais nossos novos heróis. Eles sempre vêm travestidos de ideólogos ferrenhos, defensores da causa, inflam a população contra "o sistema", sem nunca dizer o que é esse tal sistema, - Este termo *matrixiano* é insuportável demais - criam um inimigo comum e ali nasce uma nova oposição e, "de repente", esta nova vertente começa a ganhar adeptos e seguidores.

Cegos seguidores

Aí se instaura uma nova revolução, que se torna em pouco tempo um movimento de grandes proporções e estes entes começam a ser negociados no mercado político. As maiores legendas são as preferidas, assim como os jogadores preferem os maiores clubes de futebol - maiores ganhos, meu amigo.

Enquanto isso, seu movimento começa a ser desmembrado em várias vertentes, deixando-o cada vez mais enfraquecido, até a própria causa não ter mais nenhum sentido de existir e, quando isto acontece, nossos "revolucionários" estão eleitos e um *boom* de escândalos e notícias de corrupção começam a aparecer sobre eles.

Mas aí já é tarde, eles fazem parte da ciranda e faz você, seguidor, de João bobo. É previsível demais, é repetitivo demais, mas, "a mais certa das certezas" é que: seus novos heróis serão seus próximos vilões!!!

E a maioria continuará a amá-los.

A MINORIA TEM QUE SE CALAR

dividir para conquistar,
um pensamento comum
dos leitores de Sun Tzu.

um dia qualquer,
alguém se autodeclarava "esquerdista" e eu ria
dizia que na bússola, a direção está ao Norte.
achar que direita e esquerda estão certas é perda de tempo.
falava sobre as minorias e eu ria.
dizia que estas tais minorias das quais tanto falam,
não existem.

afinal,
as decisões políticas
são tomadas pela minoria política.
grande parte da renda
está com a minoria.
educação de qualidade
é dada à uma minoria.
acesso à saúde
é para a minoria.
respeito como "cidadão de bem"
advinha?

a menos que se faça parte de uma pequena fatia da sociedade,
ou de uma classe política,
você é só mais um da grande maioria.

você faz parte dos desgraçados,

assim como a maioria.
independente da ideologia que tenha.

a minoria tem que se calar,
mas as demais vozes não serão ouvidas
por estarem ocupadas demais brigando entre si.

é! estas que tanto dizem, não existem
e agem como se fossem "reais"
mas briga entre si
é como dizia aquele ditado:
o sujo falando do mal lavado.

sinto informar, mas, senhoras e senhores,
autoproclamados minorias:
vocês não são
e estão mirando no alvo errado.

e enquanto vocês brigam
eu continuo rindo da briga de vocês.
faço parte dessa minoria que ri do caos
por isso vou me calar quanto a esse assunto,

por enquanto....

NO MEU TEMPO É ASSIM

há sempre uma ideia
de que a geração anterior
é melhor do que a nossa, o que jamais será.

como um velho que diz:
no meu tempo não era assim;
e quem sabe os Neandertais
disseram o mesmo aos Sapiens.

talvez fosse pior
mas
o tempo nos faz romantizar as memórias
e ficamos presos a ele
como se fosse a única coisa
que ainda nos resta.

os problemas atuais,
o cenário social,
econômico
e os problemas políticos
irão parecer menores em 20 anos

e estaremos dizendo o mesmo que nos disseram
aos mais novos,
enquanto estarão rebeldes e revoltados,
pensando conseguir resolver
os problemas que criamos,
os que nossos antecessores nos deixaram
e não conseguimos resolver
e os deles.

a humanidade tende a superestimar suas causas,
suas lutas,
seu falso brilhantismo
e suas épocas.

é um mundo previsível.

no meu tempo é assim,
nos que vieram antes também,
e em todos os outros
também será.

UM DIA DE SOBRIEDADE NA TERRA DA EMBRIAGUEZ

leve-me a um bar
lá estarei alegre.

não, não quero que seja um bar *gourmet,*
daqueles de shopping
ou de alta popularidade em redes sociais.

não quero fazer check-in no *Facebook*
para ganhar status,
ou qualquer coisa assim.

leve-me à birosca da esquina
onde a comida seja caseira
e farta.
tenha o velho que começou a beber
e sente que é jovem novamente.
aquele que bebeu e dormiu na mesa
ou aquele que pensa que tem dois fígados
e vai beber até o bar fechar.

não preciso de *wi-fi,*
aliás, guardem os celulares nos bolsos
e mostrem o quão odiosas e imperfeitas são
suas vidas.

conte-me o quão tedioso, interessante
irritante ou cansativo
foi seu dia.

que saiamos pendurados nos ombros dos outros
perdendo a noção do tempo.
então leve-me,
leve-me a um pouco de realidade,

lá estarei alegre.

ESTE NÃO É UM MUNDO CÃO

Estava tudo bem tranquilo, poucas pessoas passando enquanto estava deitado na grama, descalço e sem prestar atenção no mundo ao meu redor até perceber um olhar vigilante de um cão, que se deitou ao meu lado.

Observava meu exemplar do Miscelânea Septuagenária. Olhava fixamente, como se conhecesse de perto todas as histórias daquele livro. Deu alguns passos para pegar um osso velho, ali jogado. Trouxe até o meu lado e deitou-se. Me sentei para ser uma boa visita na casa daquele bom anfitrião.

emborcava a cerveja,

ele roía seu osso -

Nos tornamos uma dupla e tanto -

O apelidei de Chinaski e, assim como eu, ele ignorava as poucas pessoas que transitavam enquanto comia o um coco, cuja água havia bebido mais cedo.

Levantei em busca de mais uma cerveja. Ele me seguia e quando voltamos para o mesmo lugar deu boas lambidas na minha mão deitou-se novamente enquanto olhava-me fixamente com um semblante amigável e ameno.

Voltei para casa pensando naquele cão que não se importava com as latas vazias ou com um idiota jogado na grama do Parque da Cidade, numa tarde de Salvador.

enquanto surgia uma certeza qualquer na mente:

este

não é um mundo cão.

TUDO FEITO DO NADA

um garoto andando de skate me fez lembrar
que,
quando criança,
queria andar de skate,
mas não tive um.

queria andar de bicicleta,
mas não tive uma.

não tive muitas coisas na vida,
e,
de alguma forma,
isso me fez não querer ser
como a maior parte das pessoas.

e isso foi tudo pra mim.

UM DIA TRANQUILO

fumando um cigarro olhando o teto,
no escuro dos meus vinte e poucos anos.
cerca de um terço da minha vida se foi,
e não aprendi muito sobre muita coisa.

o desamor,
o rancor
e a raiva brincam de ciranda
nos corações que caminham pela rua,
enquanto aproveito um pouco desta calmaria.

quando se vive envolto nisto durante tanto tempo,
se aprende a esperar alguma coisa acontecer amanhã
e mesmo que não aconteça nada
você estará mais uma vez deitado no sofá
olhando para o teto, sem qualquer pensamento que valha,
vendo mais um dia passar.

pois
quando se conhece a tormenta ,
não há nada
que seja mais valorizado
que
um dia tranquilo.

O ELIXIR DA VIDA

vinho, nos deem mais deste vinho,
e nos deixem sentir seu doce sabor.

deixem que as almas se regozijem
e transforme em doce,
o amargo de tantos momentos.

nos deem o belo sabor
do vazio e do nada.

nos deem vinho, nos deixem a sós
e nos deixem saber ...

saber quem somos.

ELES IRÃO TE DESTRUIR, MAS NÃO HOJE

olho em volta e há poucas pessoas aqui.

é meu ambiente preferido.
poucas pessoas,
muitos pensamentos.

me parece um ambiente saudável
de se viver.

O VOO DAS ÁGUIAS NO HORIZONTE

penso nas águias,
seres esplêndidos.
não só por seus belos voos,
mas por suas belas caças.
elas voam e marcam a presa
com seu olhar lacerante e profundo
que parece enxergar o fundo do mar,
apenas observando o quebrar de uma onda.

pareço pouco me importar com a dor de sua presa
ou de sua morte iminente.
há beleza no horror
e na dor, aquilo que tento transformar em poesia,
mesmo que falhe a maioria das vezes.

penso nas águias
e como saltam de uma montanha
mesmo sabendo que o precipício está à sua espera.

sem controlar o vento,
a gravidade,
as condições climáticas
e nada à sua volta.
nada além de si.

e, ao pensar nas águias,
percebo que
seu voo é uma eterna dança com uma eminente morte,
o medo
e a perda do chão.
mas, para elas,
são apenas voos.

talvez, seja por isto
que eu pense nas águias.

A ESTÁTUA DE UM ÍNDIO

certa vez vi a estátua de um índio
que me disse que há tremenda força no ser humano
que seria capaz de quebrar
todas as correntes da sua vida
se
não fizessem dela tamanho suplício.

deixamos que a vida nos mate um pouco mais
a cada dia.

há a estátua de um índio que me diz
que, quando os ianques vierem,
você deve perseverar,
pois por mais dolorosa que seja a guerra,
ela nunca poderá destruir sua alma.

há a estátua de um índio que me diz
que, talvez, nem tudo seja como a gente imagine ser.

o mundo não é tão complexo como parece,
mas é muito mais do que pensamos ser.

há a estátua de um índio que me diz
tudo aquilo que eu deveria saber sobre mim
e escondo.

talvez seja o único estático neste momento.
porém, ele diz que nem mesmo as pedras estão paradas,
apenas se moldaram para estar onde estão.

lá fora as penas voam, se desprendendo de águias,
que rumam para novos horizontes
enquanto escrevo

para a estátua mais viva que já conheci.

MEU AMIGO XAMÃ

um amigo Xamã certa vez me disse
que há equilíbrio dentro de todos nós
e que
a vida é como escalar montanhas nubladas.
ao chegar ao topo não podemos ver nada
e reclamamos da visão que nos é tirada,
assim como,
não podemos prever o futuro,
mas
a beleza da montanha
mora na montanha.

meu amigo xamã certa vez me disse
que as águias voam por não tomarem consciência da queda
e,
sendo ignorantes,
não tentam controlar o mundo ao seu redor durante o voo,
e, assim,
controlam a si.

meu amigo xamã
é sábio
e me ensinou sobre as montanhas,
as águias
e as pessoas
mas continuo indignado com aquilo que não posso mudar,
olhando a beira do precipício
e praguejando
enquanto reclamo da neblina.

nem todos são tão sábios assim
e ele sabe disso.

MOEDAS DE TROCA

Um velho saiu mais cedo do bar e foi andando pelas ruas na direção de casa e viu alguém sentado num banco da praça ao lado, com uma garrafa de rum. Parecia triste.

O homem perguntou se queria sentar e beber um copo. Como não tinha pressa para ir, aceitou. Sentou-se junto ao rapaz, sem dizer qualquer palavra ou fazer qualquer pergunta. O homem então pôs-se a falar:

- Um corpo caminhando não indica vida, sabe? Viver e sobreviver, poucos entendem a diferença.

Ele, então, suspirou. Havia certa melancolia no ambiente, mas se mantinha em total silêncio.

- Humanos, apenas são humanos, demasiadamente humanos

O velho olhou em tom de peculiaridade. Reconhecia à distância um melancólico que leu Nietzsche. Pareciam ser todos iguais.

- Nenhuma humanidade, apenas olham a si. Adam Smith dizia que o melhor ao bem comum era cada um pensar em si. E Nash, que o bem comum era fazer o melhor pra si e para o outro. E maldito seja Nash, acreditei nele, mas Adam Smith estava certo.

Sua voz guardava certo tom de raiva, misturada com a embriaguez que não se preocupava em ponderar e continuava a falar:

- Olhe este mundo, somos prisioneiros de nós mesmos, cara. No fim de tudo, terminam todos como as moedas que tenho no bolso. Ficam ali, indo de um lado para o outro, sabendo que uma hora serão usados e seu valor é aquele que pode proporcionar no momento. Depois, ninguém mais se lembrará que um dia existiu. Quer dizer, talvez quando todas as outras terminarem, sintam falta de tê-las, mas isso é apenas até arranjarem novas.

Somos só moedas, cara. Moedas de troca. E não há nada que possamos fazer quanto a isto.

O velho olhava atentamente para o rapaz, no auge dos seus 20 e poucos anos e não dizia nada. Parecia que conhecia bem o desfecho desta história.
Sua experiência de vida e de bares o fazia entender de que não adiantava falar nada, e também não tinha o que dizer. Ele queria apenas desabafar.

O homem se deu conta de quanto tempo passara, agradeceu ao velho por ouvi-lo e disse que precisava ir.

Puseram-se de pé, ambos estavam indo à algum lugar e cada um seguiu seu caminho, mas antes o velho ficou algum tempo parado, pensando alguma coisa que não se podia decifrar.
Olhou para o céu, respirou fundo, começou a andar e viu uma criança sentada no chão, parecia não ter pais e morar na rua. Foi em sua direção, tirou do bolso algum dinheiro, completou com algumas moedas e deu à criança.

sem esperar, mas parecendo precisar bastante, ela sorriu e agradeceu:

- Valeu tio, vai servir pra comida de amanhã.

seus olhos refletiam a gratidão que só os miseráveis e os suicidas que encontram algum sentido para permanecerem vivos conseguem ter. Enquanto isto, os olhava e guardava o dinheiro.

ele conhecia as ruas, sabia que se deixasse em qualquer lugar, não teria mais nada pela manhã.

A concorrência é grande,

até mesmo para os mendigos.

Pela primeira vez o velho sorriu aquela noite.
Sorriu em contentamento, pois não sentiria falta daquelas moedas,
sequer se lembraria delas no dia seguinte
e sabia que um dia também seria esquecido.

Era um mundo perverso e seus longos anos nele o fizeram saber
bem disto,
mas sua experiência havia ensinado que algumas coisas ainda
tinham algum valor.

e não havia nada que ele pudesse fazer

para mostrar isso a alguém.

ORATÓRIA SILENCIOSA

as árvores encontram meus olhos,
e onde quer que olhe elas estão.
são fartas e abundantes
e a presença delas me tranquiliza,
de alguma forma.

o sol brilha,
e elas me parecem suficientes
para preencher o meu dia
ocioso
e vazio.

há alguma beleza no mundo,
desde que não fale
ou
tente te explicar como você precisa viver a vida.

a palavra
torna a maior parte das pessoas,
odiosamente irritantes
e insossas,
pois
a maioria não parece saber usá-las

por isso as árvores são tão legais.

elas apenas balançam,
e mostram um belo contraste
com o sol desta tarde.

e isso me faz
escrever sobre elas.

ME DÁ UM CIGARRO AI, TIO

Tinha um cara que sempre me dizia: "dá um cigarro aí, tio."

Enfiava a mão no bolso e lhe estendia um maço e um isqueiro.
Ele batia o isqueiro e, enquanto a fumaça pairava pelo
ambiente.
Falava sobre a vida, as pessoas, o amor,
o ódio e as mulheres com quem nunca transou, mas quis.
Não precisava de deixa. Apenas desandava nas palavras
e falava pelos cotovelos sobre toda merda que se sucedia no
mundo e me dizia:

- Você vive na sua zona de conforto, precisa sair dela.
- Essa frase me irrita, parece coisa de guru de autoajuda.

Sorria e ele pedia mais um cigarro enquanto eu ouvia mais
sobre o mundo e as pessoas que viviam nele, as que intitulava
de: "tóxicas" e passava a me questionar:

- Ei cara, você é muito misantropo, sabia?
- Sim, eu sei.
- E como vai mudar isso?
- Quem disse que quero mudar?
- Você se parece muito comigo na sua idade.

Ele tinha 12 anos a mais que eu e eu respondia: - espero que eu
morra antes dos 30 então.

Ele ria
e eu também.

- Você escreve que nem o Bukowski.
- Obrigado, mas ele não escreveria coisas tão ruins assim.
- Me deixa ver mais um dos seus textos.
- Não, não são bons.
- Para de falar merda, você tem originalidade. Quem são suas
influências, além do Buk?
- Não sei. Talvez o Gutierrez ou o Schopenhauer.
- Você é engraçado. Fala como se o mundo todo fosse ruim.

- E, não é?
- Talvez haja bondade nas pessoas. Elas só não evoluíram o suficiente para perceber isso.
- Talvez... Mas prefiro não gostar delas e parece ser recíproco.
- Deveria mostrar seus textos para as pessoas.
- Elas não iriam gostar. Deixa essa merda aí.

E ele continuava a falar incansavelmente e quase ninguém ao redor parecia se importar com ele ou com o que tinha a dizer em seus discursos incisivos e inflamados de críticas. Até que o cigarro terminava e íamos cada um para um canto
sem dizer nada.

agora,
com um novo maço de cigarros
vendo as formas da fumaça sob o teto da sala
escrevo sobre esse cara.

tem um livro do Bukowski ao lado,
abri, li uns cinco poemas
e escrevi mais seis no computador.

o cigarro queimou por inteiro
e percebi que os poemas
não ficaram bons.
lembrei de toda merda que ele me disse,
algumas poucas fazem até sentido.
então
peguei o maço,
sorri
e disse pra mim:
vai um cigarro aí, tio?

acendi outro, e me diverti com a fumaça
até adormecer, ali mesmo.

Y(IN): POESIA DO CAOS COTIDIANO

dentro dos cubículos e dos latifúndios,
das metrópoles ou dos campos.
pessoas caminham rua afora,
em completo silêncio.

a vida e a morte
caminham lá fora

e as multidões encenam tragédias cotidianas
que não são observadas
por ninguém.

www.ingramcontent.com/pod-product-compliance
Lightning Source LLC
La Vergne TN
LVHW010539200726
843506LV00013B/2880